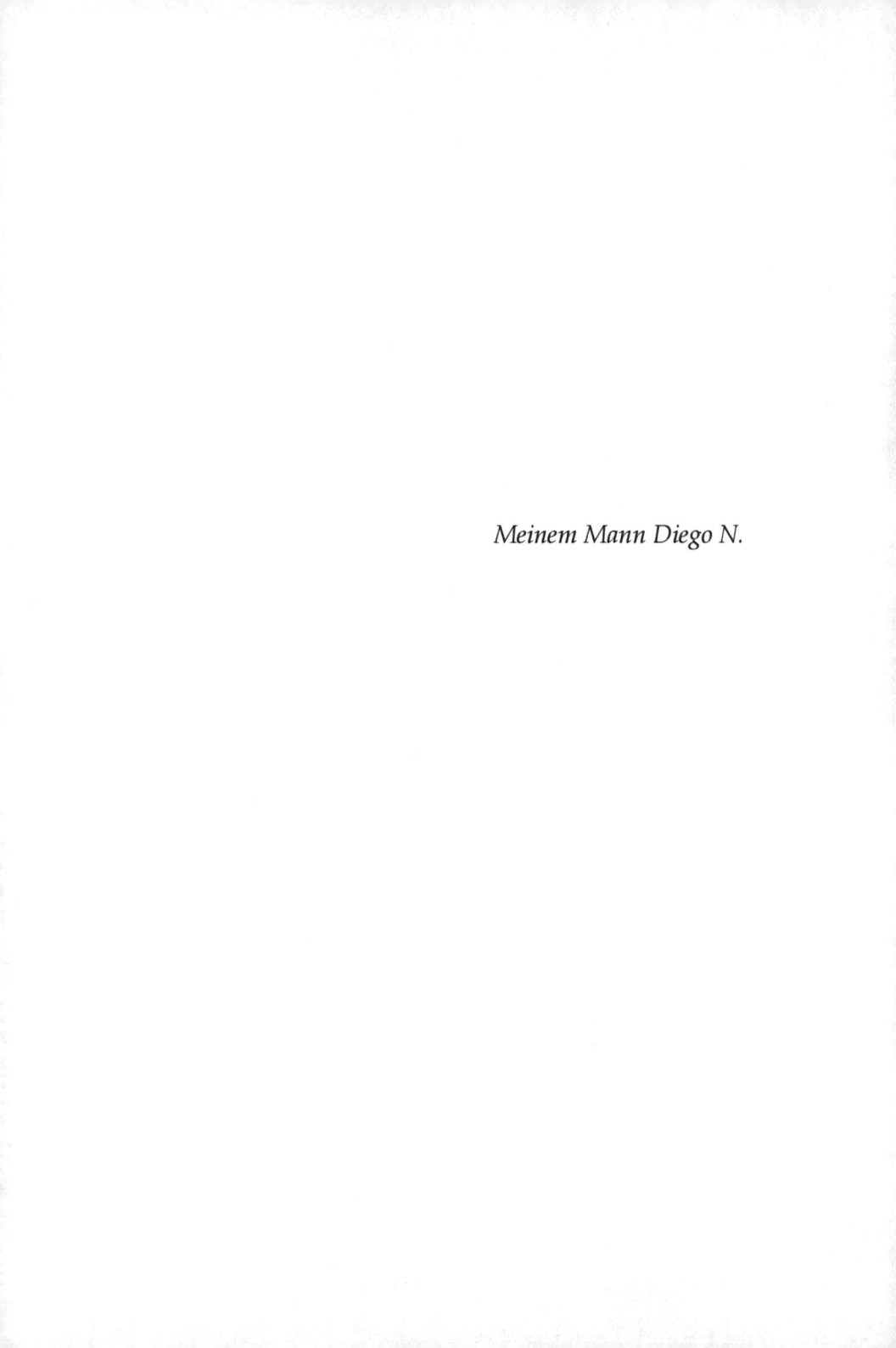

Meinem Mann Diego N.

Evgeny Alexeev

ERKENNTNIS DER ENTROPIE

oder auf der Suche nach Equilibrium in meiner Seele

© 2015   Evgeny Alexeev

Autor: Evgeny Alexeev
Umschlaggestaltung, Illustration: Evgeny Alexeev
Lektorat, Korrektorat: Helga Helnwein, Helmut Helnwein,
(Verein der SchriftstellerInnen und KünstlerInnen, Wien,
Österreich)

Verlag: Tredition GmbH, Hamburg
ISBN Paperback : 978-3-7323-2421-7
ISBN Hardcover: 978-3-7323-2422-4
ISBN e-Book   :978-3-7323-2423-1
Printed in Germany

Bibliografische Information der Deutschen Nationalbibliothek:
Die Deutsche Nationalbibliothek verzeichnet diese Publikation
in der Deutschen Nationalbibliografie; detaillierte bibliografische
Daten sind im Internet über http://dnb.d-nb.de abrufbar.

Inhaltsverzeichnis

Vorwort 6

Einleitung 8

Drache "Ich" 9

...auf dem Fluss der Liebe 12

Besessenheit der Gier nach Liebe 13

Redenmuss 16

Schmerz 17

Brief von dir 18

Wießes Omen 20

Spiel 23

Unerwidertes 24

Hélas 26

Übermorgen 28
Unerträgliches Muss der zerfetzten Seele
in morgendlicher Pracht 32

Haiku 43

Aber warum? 44

Brenne! 46

Tanka 49

In einer anderen Sprache Gedichte zu schreiben, erfordert großes Können, sowie Begabung, Liebe zur Kunst und ein tiefes Einfühlungsvermögen.

Evgeny Alexeev widmet dieses Buch ihrem Ehepartner Diego Novati, in tiefer Liebe.

Die Autorin beherrscht vier verschiedene Sprachen: Englisch, Italienisch, Russisch und Deutsch. Sie liebt aber ganz besonders die deutsche Sprache.

So ist es nicht verwunderlich, dass sie mit großer Intensität die jeweiligen Stimmungen, durch glühend und leidenschaftliche Farbigkeit zum Ausdruck bringen kann.

Die Kraft der Aussage geht weit über die Erlebnisse hinaus. Alles was Geltung des Wortes hat ist hier für sie wichtig und ausschlaggebend.

Die Natur, sowie die Liebe werden als Themen in den Raum gestellt. Gedankenflüge gewähren Einblick in den Reichtum der Fantasie, welche die Dichterin beflügelt.

Leid und Schmerz, aber auch Glück und Liebe sind kennzeichnend im Fluss des Lebens, wie der Name eines ihrer Gedichte aussagt.

Die Liebe ist etwas Kostbares und so kann man die Bilder geistig vor den Augen sehen.

Worte können uns verzaubern und in eine andere Welt versetzen. Sie gewähren Einblick in den Reichtum von Gedanken und den inneren Bildern, die durch die japanischen Dichtungsformen, wie Haiku und Tanka in den Vordergrund treten.

Durch die unmittelbare Aussage wird das Buch bestimmt und lebt von seiner Lebendigkeit. Der Tonfall, der hier klingt und singt in Worten, verliert nichts von seiner Schönheit der Sprache.

Weg zur Erkenntnis und zum Equilibrium

Worte,

 derer Samen ins Herz gesät wurden,

  welche mit Gefühlen reich bewässert wurden,

  und Wurzel fest im Tiefsten geschlagen haben,

  in Labyrinthen des Ich gesprossen sind,

  welche Stängel sorgfältig die Seele durchbohrt haben,

  Besinnung völlig umrankt haben und

  in Gedanken prachtvoll aufgeblüht sind,

können das Echte auf einem Blatt fruchten

und diese Früchte,

überhaupt jede davon,

auch die kleinste und unansehnlichste Frucht,

  derer schablonenfreie Vielfalt der Formen,

   Farben, Melodien, Düfte, Klänge,

   Gestalten und Gesichter

  von Natur aus geschaffen wurde,

ist ein Schatz,

dessen Wesen sich nur dem eröffnen kann,

der die Geheimnisse des Werdegangs dieser Worte,

 vom Anfang bis zum Ende,

 mit seinem eigenen Herzen tief empfinden

 und völlig durchleben

     kann.

Drache „Ich"

Deine Träume von Bläue,
zwar Herrschaft über die Winde,
wird vom besten Gesandten
im Realen schnell verwandelt.

Du hast klare Botschaften,
die müssen Ziele erreichen,
und dein farbigster Freund
steht treu dir zur Seite.

Schön geschafft! Toll gebaut!
Du bist stolz auf ihn
erfüllt mit Freude,
stehst am Start schon bereit
unter dem freien, dem blauen Himmel.

Nur dein Gegner – der Wind,
der den Kampf dir hat erklärt,
weiß noch nicht davon,
dass dein Freund, der Beste,
immer dir zur Seite steht.

Mut bekommend, der Wind, hat
dir einen jähen Stoß gesendet,
einen klaren Vorschlag,
dich zum Kampf einzuladen,
den du gern annehmen wirst,
ihm deinen Kopf nicht zuneigend,
denn du bist brav genug – ihm es zu zeigen.

Du willst ihm tapfer zeigen,
dass du mit dem Freund stärker bist,
dass beide
unzertrennlich sind, für immer,
nur zusammen als Kämpfer,
werden sie alles gewinnen.

Steigt der Drachen empor,
in das Blaue des Himmels,
völlig dir gehorchend,
von dir gesteuert.
Hältst du die Leinen ganz fest
um die Mannschaft nicht im Stich zu lassen,
und dein Drachen weiß es, dass er
sich völlig auf dich verlassen kann.

Der Drachen kämpft im Himmel,
jeden groben Windstoß brav besiegend,
der demütig sich ihm unterwirft.
Sein herrschaftlicher Flug,
in dem blauen Himmel,
bringt dir himmlischen Stolz,
dass Mannschaft ist gelungen.

Lange Stunden läuft der Kampf
uns das unglaubliche Glück großzügig
im blauen Himmel schenkend.
Frieden herrscht und Gelächter.
Fröhlich starrst du empor,
auf den Drachen – deinen treuersten Freund
und du fühlst dich jetzt wohl
wie ein Herrscher eigensinniges Windes!

... auf dem Fluss unserer Liebe

Meine Gedanken flüstern dir Liebe
in die Handfläche,
Mit meinem Blick ergötz' ich mich
an deiner Seele.

Öffnen die Augen die Schleier
meiner Geheimnisse?
Entfachen deine Lippen Brände
in meinem Herzen?

Den Samt der Haut streicheln
meine Fingerspitzen.
In deinen Armen ertönen
Hunderte von Harfen
im Einklang.

Wir sind in Eins verschmolzen,
ertrinkend ineinander.
Auf dem Fluss der Liebe
segeln wir,
Winde der Zärtlichkeit lenk den Kurs,
auf noch nicht erforschten Küsten
unsres Segens.

Besessenheit der Gier nach Liebe

Willenlose Leibeigene
    deiner Begierden
verzierst deine Seele,
    ganz akribisch,
mit Trauben der Kristalle – den puren,
      wie Tränen keuscher Säuglinge,
von Diamantenfeldern
    unzählbarer Lügen.

Gierige Küsse
    deiner glühenden Lippen
durchstechen blutig,
    mit Hunderten von Dolchen,
mein verdürstendes Herz.

Vernichtende Nachhallhorden
    deiner Untreuen
leben in eigenen
    grenzlosen Schatten von dir,
sie verfolgen mich manisch
    in dämmerigen Untergängen
unserer glutroten Tage.

Glühende Bitternisse
    mein Flehen
verschlingst du unersättlich,
    wollüstig,
als ob es ein einziger Brunnen
    deiner Lebenskräfte wäre,
doch nicht dein Fehler.

Gedankenverbrennende Flammen
    mein Schluchzen
kann nicht zerschmelzen
    kristallenes Eis
deiner verdunkelten Arglist.

In kalten Ketten
    deiner Lüge
kettest du mich derb
    an dich fest,
schließt die goldenen Fesseln
    dürrer Kaltblütigkeit
um abgemagerte Handgelenke
    pulsieren meine Gefühle.

Zum Trotzt bleibe ich dir treu
    wie eine willenlose Sklave
standhaft ertragend
    Schlag nach Schlag,
    nicht fletschend meine scharfen Zähne,
bis jetzt verblutend die Narben
    deiner verderbenen Liebe,
in tiefer Hoffnung auf zaghafte
    glühende Momente
feuriges Wohlwollen von dir,
    denn liebst du mich noch
so wie ich dich liebe.

Redenmuss

Erwachen, nie erwachen wieder – Nie!
Mein Herz verblutet schwer und stöhnt.
Das Ich gerät tief in dunklem Verlies.
Im Schlaf ersterben, Mut verlieren – Nie!

Erwachen, wie erwachen? Wieder – Wie?
Im Leib noch klopft, die Wärme, nicht verwelkt.
Die Seele nicht verstorben, nicht erkaltet.
Von Dir genesen, völlig, aber Wie?

Wir schweigen, es tut uns weh, es schmerzt – ich sehe es!
Erbitte Gnade, flehe um Wahrheit – sehr!
Verletzend wird die Wahrheit – ich weiß es, sehe es!

Wird es besser, nicht nur Dir – doch uns!
Zusammen sind wir doppelt stärker. Rede!
Wir müssen reden, reden wegen Uns!

Schmerz

Geiz der Worte deiner –
meiner Gedanken Vergiftung.
Meines Herzens Gestöhn –
von Tiefen ins Nirgendwo.

Du kommst ganz leise wie ein Dieb
und solchem wieder gehst du weiter,
kann dagegen doch nichts tun.
Du bist es gewöhnt,
wie ein besessener Sklave
dich deiner Wünsche
willenlos zu unterwerfen.

Und ich stehe beim Fenster und weine,
dich mit schmelzenden Blicken geleitend,
aber mein Platzt in deinen Gedanken
ist schon von jemandem Neuen
erfolgreich besetzt.

Brief von dir

Blätter
 trocknen
  heiße Tränen,
 retten
  Einsamkeit.

Zeile
 bohren
  durch Gedanken,
 flüstern
  Wonne.

Worte
 beleben
  Wir-Gefühle,
 löschen
  Entfernung,
 füllen
  mit Dir voll
  Nähe.

Buchstaben
verbinden
Blicke,
glühen
vor Liebe.

Brief
zu mir breitet
Flügel aus,
tränkt
das Wir
mit farbenfrohem
Wiedersehen.

Weißes Omen

Leise stand ich verzaubert, ruhig,
auf dem Gipfel steiler Klippen am Meer.
Plötzlich fesselte mein Blick entzückt
der weißen Möwe märchenhaftes Schweben.

Schwebte sie durch die Tiefe der Bläue,
unter dem Weiß von Azurblau des Himmels,
Über Weiten des nördlichen Meeres,
wie ein Herrscher in seinem Element.

Kokettierend spielten die Wellen
mit dem Wind auf steinigem Strand.
Duellierend kämpfte die Möwe
mit dem Wind über diesen Abhang.

Sonne schickte seine Botschaften,
spiegelt sich in bleierner Fläche des Meeres.
Sonnenflecken hell, Walzer tanzend,
badend sich im Azurkalten Meer.

Eigensinnige Stöße des Windes,
grauen Wolken im Einklang,
zähmen Meereselement, versuchen
strebend nur nach Einzelherrschaft.

Flüsternder Wind, seine heimlichen Pläne,
in versteinerndem Ohr des Abhangs,
im Land herrschende Mächte
in einer festen haltbaren Allianz.

Meer antwortet standhaft, unbotmäßig
mit den Wellen abwehrend den Angriff,
zerschellend an stählernen Felsen,
klippenreichen
unzugänglichen Riesen am Abhang.

Möwe rief inbrünstig, zum Frieden,
mutig zwischen den Mächten:
ohne Wind kann ich nicht
durch die Lüfte schweben,
ohne Meer verhungere ich,
und mein Heim sind die Felsenwände,
ohne euer friedliches Sein
nicht vorstellbar ist meine Existenz.

Möwe flehend vernahmen die Mächte
verbunden mit festem Bündnis
eine tiefe Einheit
eine Einigung für ewig erreicht.

Weiße Möwe jetzt schwebt edelmütig,
alle Blicke neugierig empor gerichtet.
Firmament in voller Schönheit,
wie ein zierliches Omen, der Frieden
freier Elemente, der echten Kultur.

Leise stand ich bewundert, erstaunt,
beobachtend die Weisheit der Natur.
Ich bin völlig in Rührung geraten
von dem Wesen unsrer Allmutter Natur.

Spiel

Die Macht schenkt das Wort durch deine Stimme.
Die Macht, ihr Flug gleitet in meine Seele.
Die Macht, Gedanken, schneller Walzer tanzen.
Das Wort, das gibt mir Mut mit deiner Stimme.

Die Schwäche, bringt mir kalt deine Worte.
Die Schwäche, deine Macht mutig Erblasst.
Die Schwäche, erdrückt mein Ich, ins Dunkle.
Das Wort, die Wonne wächst in deiner Seele.

Erklärst mir Spiel, vergessen die Regeln.
Du stellst Fallen, mogelnd, gegen mich.
Um jeden Preis versuchst du deine Ziel zu erreichen.

Ich gehe ein, nach deinen Regeln, auf Spielchen.
Mich die Sucht verlockt, Hasardspiel aufs Ganze.
Verlier´ Ich nicht das Spiel, geht es zu früh zu Ende.

Unerwidertes

Ich höre betäubende Glocken deins Herzens,
das Du mit versteinerter Seele ummauerst,
und meine voll brennenden Gefühle wie Speere
versuchen die Tiefe von Dir zu erreichen.

Ich werfe die Speere, angezündet mit Liebe,
die Dein vereistes Ego zerschmelzen.
Doch du bist echt stolz, mich schmerzhaft zu verraten,
verteidigst Dich selbst mit Falschheit Deines Wesens.

Ich glaub' an mich, an die Mächte der Liebe
Und ganz will ich –
mich nur Dir, zu eigen geben.
Doch die Mauer wächst,
und Dein Herz versteinert sich,
alle meine Versuche wehrst Du wider voll ab.

Du hast Deine Seele an alle verkauft,

versinkend in Lüge, mit der Du Dich verwirrest.

Und Kälte deins Herzens verbreitest Du weiter,

missbrauchend spielst du mit allen,

die sich in Dich verlieben.

Und alles von mir,

das ich mit den Speeren verschenke,

vernichtet mich selbst – das weiß ich – nur Dir zuliebe.

Ich hab' keine Angst, mich in Dir zu verlieren,

ich werfe sie weiter,

nur zu Dir,

mit …

Liebe!

Hélas

Deiner Wimpern übermütiger Krümmungen
verlocken mich zum Öffnen deiner Seele,
Deine Grübchen in scheuen Röten
zublinzeln den meinigen im Einklang.

Deine samtigen Handflächen
mit meinem Atmen dich verbrennen,
unter den Harfenklängen deiner zarten Blicke
und Sommerflecken tanzend auf deinen Wangen.
Mein von dir besessenes Bewusstsein
allumfassend reizen,
und stundenlang ohne Worte schweigen,
aber ich lese unersättlich derer Reime
in Azur der bodenlosen Ozeane
in den vom Vergnügen strahlenden Augen von dir.

Von feurigem Tsunami meiner wortlosen
Leidenschaften
bin ich völlig ergriffen, bin von dir fest gefesselt,
meine Gier nach dir versuche ich zu stillen
in meinen glühenden Gedanken.
Die morgendlichen Sonnenstrahlen beginnen
plötzlich ans Fenster zu klopfen,
ich öffne meine Augen und... wo gibt es dich?
äh, c'est la vie!

Übermorgen

Gestern

ließ ich dich herein
in meine Welt
unter dem Licht
zu wärmen,

Gab dir
in die Hände
mein glühendes Herz,
zutraulich.

Atmete ein,
deine Lunge,
meine Liebe,
unersättlich.

Sagte mir,
dir
völlig zuliebe,
kurz entschlossen.

Heute

gehst du
mit scharfen Absätzen
deinen
schattigen Weg
aus fremden Herzen,
gerade heraus
zu mir.

Spuren von Scherben
unserer Liebe,
retten mich nicht
in vormorgengrauer Lüge
unserer gestrigen Sonne.

Verflossen die Tage
durch Finger der Arglist,
verschwanden
für immer
wie Trugbilder.

Meine Lippen
teilen ein Geheimnis,
von der Verzweiflung,
in Hoffnung,
schnelle Erleichterung
zu finden.

Verlangen nach dir,
mit dem Blick
dich anzurühren,
glimmen noch
in meiner Seele.

Verlässt du,
zerschmelzende Spuren
und Welt ohne dich,
wie Himmel ohne Vögel,
ist leer und absurd
geworden.

Morgen

nehme ich an
die Liebkosungen
fremder Münder,
liebend echt, nicht
wie sonst doch,
nicht schneller.

Wenn auch die Augen
noch transparent und hell sind,
doch in der
blutverletzten Seele
Tränen tief versteckt,
trocknen in mir.

Übermorgen

Neugeburt,
Aut cum scuta,
ant in scuta,
ohne Vergangenheit,
ohne dich
und immer nur
nach vorne.

Unerträgliches Muss der zerfetzten Seele
in morgendlicher Pracht
(Auszug aus der Trilogie)

Die ersten koketten Strahlen sandten
ihre warmen Botschaften durch die weißen,
fast transparenten Vorhänge
des halb geöffneten Fensters.

Eine leichte Brise spielte
mit den jungen, hellgrünen Ahornblättern,
die ein geheimnisvolles und
kaum am Ohr spürbares,
faszinierendes Rauschen ausströmten.

Lebendig lustige morgendliche Triller schlugen
die Vögel vor dem Fenster.
So war es die Geburtsstunde
eines neuen, entscheidenden Tages.

Morgendämmeriger Aprilluft erfüllte
den Raum des schon kaum mehr dunklen Zimmers
mit einer sanften Morgenkühle.

Er konnte ganz deutlich spüren,
wie sich leicht kühle Wellen,
die durch das Fenster von draußen kamen,
an seines Gesicht, seinen Schulter,
seinen Arme und den Oberkörper,
auf dem sich ein paar warme Strahlen
des Morgens fingen,
springen und miteinander
spielend, niederließen
um sich himmlisch zärtlich
an ihn heran zu schmiegen.

Er konnte weiter nicht schlafen
und erinnerte sich sofort daran,
wie er es als Kind liebte,
den neuen Tag in der Morgendämmerung
zu begrüßen,
wie er auf einen solch märchenhaften Moment
immer wartete,
wieder und wieder.
Er erinnerte sich an den Kontrast,
den Kontrast dieser schönen Empfindung,
die Wärme des liebkosenden Frühlingsmorgen
und der leichten und nassen Kühle.

"Es ist Morgen, schon dieser,

    unerwünschte Tag", dachte er.

Und als er dies dachte, erfüllte sich

    sein Bewusstsein

      mit einem aufregenden Gedankensturm

        voller Angst

      und zugleich

        mit leicht freudigen Gefühlen.

"Ich muss jetzt.

    Jetzt!

      Nein, nicht jetzt...

        I will nicht...

        Nein. Aber….

          Aber ich muss!",

        blitzte es verwirrend im Kopf,

        wiederholend,

        pulsierend.

        "Wegen der Umstände

          wird es besser,

          so wird es bestimmt,

            sicher besser,

              aber nicht nur für mich!

          Doch, für..."

Er schaute sich um,
  mit breit geöffnete Augen.
Alles sah ungewohnt im Zimmer aus,
    und er empfand sofort ein gewisses Gefühl,
      etwas liebliches, etwas heimisches
        und gleichzeitig
      etwas schon ihm sehr bekanntes und…..
        ungewöhnlich gemütliches.

Auf seine linke Seite
    rollte er sich langsam,
      legte die Hände unter den Kopf und schaute
        aufmerksam
      auf den neben ihm schlafenden
                                Engel.
Eine wie aus dem Nirgendwo erschienene
  gewisse Gelassenheit bedeckte langsam
    seinen fassungslosen Gedankenstrom.
    Seine innere Beunruhigung fing langsam an,
      sich aufzulösen und
        es schien so,
          als ob sie sich bald,
            in einem Augenblick,
              einfach in Luft verwandeln würde.

"Mein Engel. Du Mein!",
   wiederholte Er flüsternd,
      die leicht Goldroten Locken
auf schneeweißem Kissen zärtlich streichelnd.

Ganz langsam,
   mit unglaublicher Sorgfältigkeit,
      und die Haut kaum berührend,
         fuhr Er sanft mit den langen, groben Fingern,
            mit seinem glühenden Blick begleitend,
               über das rotwangige Gesicht des Engels,
               über seinen Hals, den breiten Schultern,
            und über seine kräftigen Arme.

Er spürte durch die Finger eine heiße,
   eine magnetische Ausstrahlung
      jeder einzelnen Zelle des Körpers
      seines Engels.

Mit jeder folgenden Sekunde füllten sich
   seine großen, himmlisch azurblauen Augen
      mit einer absolut ungewöhnlichen und
         für ihn untypischen
               Zärtlichkeit.

Sonnenflecken Walzer tanzten und
sprangen spielerisch
  auf dem Oberkörper und Kopf des Engels.
  Er konnte einfach nicht
    die heißen Blicke seiner verzauberten Augen
      von der samtigen, eiskaltweißen,
        strahlenden Engelshäute lassen.
    Seine Hand langte sich selbst
      unwillkürlich
        nach ihm,
    dem magnetische Energie des Engels gehorchend.
Ihn berühren, um einfach
  die Wärme dieser Leidenschaft
    zu spüren.
Ihn berühren,
  um noch ein bisschen länger
    in seiner Nähe
    zu bleiben.
Noch ein Augenblick länger,
  noch ein bisschen.

"Aber, ich muss!",
unterbrach er sich selber
blitzplötzlich und streng,

"Ich muss.

    Das ist ein unvermeidliches Muss!",

        spielten unaufhörlich grausame Gedanke

           in seinem wieder langsam nebelnden und

             gequälten Bewusstsein,

   "Aber dir zuliebe. Ich muss!

      Es wird sicherlich besser sein,

         für dich.".

   "Nur für dich! Nur dir zuliebe!

      Das ist einfach ein Muss",

        wiederholte er

           wieder und wieder

              in seinen zerzausten Gedanken,

    als ob er sich selbst beruhigen

      oder überreden wollte,

           "Einfach ein Muss!".

Langsam und absolut

   lautlos,

      als ob er ein Dieb

        wäre,

          riss sich er zusammen,

           stieg aus dem Bett,

sammelte schnell die verstreute Bekleidung ein,
zog seine enge Levis und ein lockeres T-Shirt
mit einem tiefen V-Ausschnitt und
echt breiten Schultern an,
steckte den goldenen Ring
an den Ringfinger,
nahm die Sneakers in die Linke
und verließ leise das Zimmer,
wie ein Schatten.

Sein Herz betäubend schmerzte,
klopfte schnell und unordentlich,
Nebel vor den breit geöffneten,
erschreckten Augen mit chaotischem Blick
und absolut verwirrten Gedanken.

So tobte es bei ihm,
als er
den Schritt aus dem Zimmer machte.
Seine blauen Augen strahlten
keine Zärtlichkeit mehr aus.
Im Gegenteil!
Sie schienen mehr nicht,
sie verbrannten doch
vor Schmerzen!

Es blieb nur ein lebloser
und tief-leerer Blick.
Er konnte seine Tränen kaum
zurückhalten.

Mit zitternden Händen holte er
aus der Tasche seiner Jeans
einen schon am Tag vorher geschriebenen Brief
heraus
und legte ihn auf das Kissen.
Er konnte sich
kaum auf den Beinen halten.

Der Brief - drei Wörter.
Nur Drei!
Drei,
von der Tiefe der Seele,
echtem Er!
"Das ist das Ende",
dachte krampfhaft Marco,
"Ihm zuliebe,
wegen uns beiden.
Ich muss",
drehte es sich im Kopf, rückfällig.

"Das ist die Hölle,

meine Hölle, nur meine

die ich mir selbst entfacht habe",

blitzte ein Gedanke,

sein Bewusstsein durchbohrend.

Und sofort schwere Tränen,

die noch niemand bei dem „eisernen" Marco früher

gesehen hatte,

strömten sofort,

in immer währenden Strömen.

Lautlos trat Marco ins Zimmer ein,

in dem der Engel noch schlief,

schenkte ihm einen schnellen Blick,

beugte sich zu ihm und

küsste ihn leicht auf die weichen,

warmen Lippen.

"Es tut mir leid, Tim,

unendlich Leid.

Entschuldige mich,

mein Herzens Engel,

mein Liebling",

flüsterte Marco,

"Das ist das Ende",

wiederholte Marco

erschüttert

wieder und wieder

mit weinendem Herzen,

beruhigend Sturm

seiner Gedanken.

Das ist einfach das Ende,

aber von mir…

nur mir…

nur mein.

* * *

Frostmorgen im Wald -
Bachrieseln, Narzissenduft.
Geburtstagsfreude!

* * *

Bedecken das Feld
weiße Kirschenblütenblätter.
Berieseln Herzen

* * *

Weißes knirscht. Auf Glas –
verschnörkeltes Gemälde.
Festsekt ist schon auf.

* * *

Mandarinen und
Fichtenduft erfüllt die Nacht.
Turmuhr schlägt bald zwölf.

Aber warum?

Hände,
die lieben,
fest gefesselt,
sie trocknen von deiner
Eiswärme.

Blicke,
die strahlend
dir Wonne schenkten,
sie welken von deiner
Herzlosigkeit.

Stimmen,
die klingen,
verlieren die Zartheit,
sie verhallen von deiner
Tonhärte.

Hinter
dem Gitter,
vom Licht entfernt,
versperrt im Verlies ist
das All-Ganze.

Schritte
wir machen sie,
gehen im Leben,
links – deine, rechts – meine,
kopfüber.

Aber warum?

Brenne!

Brenne, Feuer!
Fliehe, renne!
Rette dich selber
schneller
von einäschernden Kräften
unbändiger Mächte.

Fliehe, renne!
Weg, fort!
Es ist noch nicht zu spät
zu vermeiden,
in Flammen aufzugehen,
im Strom des Nichtsein
zu versinken,
sich selbst
in Schutt und Asche
freiwillig zu legen.

Brent, Feuer,

ihr flammenden Botschaften

schickt beharrlich,

meinen sündhaften Leib

zu neuem Dasein

versengen soll unbarmherzig,

mir die Seele,

meine glühenden Begierden

verleihen mir weiße Flügel

zu dir.

Qualvoll,

begehre

ich dich heiß,

ich leide,

du wirfst dennoch,

belustigend und echt,

noch mehr Zartheiten

in mein Feuer.

Brenne, Liebesfeuer,

es geht nicht aus,

doch umgekehrt

noch mehr und fester

umarmen uns

Flammenzungen.

Es ist ja schon zu spät

für dich,

von meiner Sucht

nach dir

mich zu befreien,

aus meinen

Leidenschaften

mich zu lösen.

Du fliehest nicht!

Dann Brenne!

Lichterloh.

Los! Brenne!

* * *

Tristesse

Wölfe heulen an
Mond in den Kristallhimmel.
Schlaflose Nächte
beherrschen Bett – ohne dich,
Augen sprühen nur Nässe.

* * *

Erstmals

Rauschet Lebensbach
über den Steinen Wasser.
Halten einander,
Hand an Hand unzertrennlich,
spüren der Atem Wonne.

* * *

Vorspiegelung

Deine Blicke sind
direkt proportional
zu den Gedanken,
dennoch zu deinen Worten –
anders proportional.

Evgeny Alexeev ist Mitglied beim Verein der Schriftstellerinnen und Künstlerinnen. In Wien. Der Verein präsentiert ein Stück Kulturgeschichte des Landes und der Monarchie von Österreich. Bertha von Suttner, Marie von Ebner-Eschenbach und Marianne Heinisch kämpften damals mutig gegen das Unrecht der Frauen. Jetzt war die Zeit reif, um gegen die Rechtlosigkeit zu kämpfen und so entstand der Verein der Schriftstellerinnen und Künstlerinnen zur Errichtung des ersten Pensionsfonds für Frauen, für alternde, arbeitsunfähige und verarmte Künstlerinnen.

Es gab damals 3 Kategorien der Vereinsteilnahme, (1) ordentliche Mitglieder, (2) Stifter, wobei der Adel damals federführend war und (3) unterstützende Mitglieder. Sie alle waren dem Verein als Mitglied zugehörig. Die berühmtesten Stifter waren Kaiser Franz Joseph I, Kronprinzessin Stephanie, Herzogin Marie Antoinette von Parma, Fürst Johann II von und zu Lichtenstein, Katharina Schratt und die Königin von Rumänien. Sie schrieb unter dem Pseudonym Carmen Sylva und war eine enge Freundin von Kaiserin Elisabeth. Auch Baronin Bettina Rothschild unterstützte den Verein finanziell. Zu Beginn gab es die so genannten „Salonlesungen." Im Laufe der Zeit gab es viele Änderungen, viele berühmte Namen waren dem Verein als Mitglieder bekannt, darunter auch die so genannten „auswärtigen Mitglieder".

Die Zeitung: „Literarische Kostproben" besteht schon seit Anfang des 20.-Jahrhunderts. Gegründet wurde sie von dem Verein der Schriftstellerinnen und Künstlerinnen. Sie wurde natürlich immer wieder der Zeit angepasst.

Wenn auch die Themen immer gleich sind, sich wiederholen, so sind doch immer wieder Gedanken und Gefühle gegenwärtig und der Zeit entsprechend in der Dichtung enthalten. Deshalb möge der Verein der Schriftstellerinnen und Künstlerinnen, als der älteste Verein weiterhin bestehen und wirken, aktiv bleiben um Werte weiterzugeben die der Menschheit dienen.

Helga Helnwein

Zeitfracht Medien GmbH
Ferdinand-Jühlke-Straße 7
99095 Erfurt, Deutschland
produktsicherheit@kolibri360.de